CANÇÕES

CANÇÕES

DE

GABRIELA MISTRAL

EDIÇÃO BILÍNGUE

TRADUZIDAS POR

HENRIQUETA LISBOA

ILUSTRAÇÕES

PALOMA VALDIVIA

editora Peirópolis

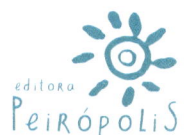

Copyright © 2025 by André de Oliveira Carvalho

A Ordem Franciscana do Chile autoriza o uso da obra de Gabriela Mistral. Os valores recebidos a título de direitos autorais são destinados às crianças de Montegrande, no Chile, conforme estabelecido por Gabriela Mistral.

Editora
Renata Farhat Borges

Editora Assistente
Ana Carolina Carvalho

Projeto gráfico
Maristela Colucci

Diagramação
Elis Nunes

Revisão
Mineo Takatama

Editado conforme o Acordo Ortográfico da Língua Portuguesa de 1990.

Dados Internacionais de Catalogação na Publicação (CIP)
de acordo com ISBD

M678c   Mistral, Gabriela
        Canções: Gabriela Mistral / Gabriela Mistral ; traduzido por Henriqueta Lisboa ; ilustrado por Paloma Valdivia. - São Paulo : Peirópolis, 2025.
        64 p. ; 17cm x 24cm.

        Inclui índice.
        ISBN: 978-65-5931-307-5

        1. Literatura chilena. 2. Poesia. 3. Canções. 4. Prêmio Nobel de Literatura I. Lisboa, Henriqueta. II. Valdivia, Paloma. III. Título.

2025-150   CDD 869.99331
                                                            CDU 821.134.2(83)-1

Elaborado por Odilio Hilario Moreira Junior - CRB-8/9949

Índice para catálogo sistemático:

1. Literatura chilena : poesia 869.99331
2. Literatura chilena : poesia 821.134.2(83)-1

Disponível em ebook no formato ePub (ISBN: 978-65-5931-306-8)

1ª edição, 2025

Editora Peirópolis Ltda.
Rua Girassol, 310F – Vila Madalena – São Paulo – SP – 05433-000
Tel.: (55 11) 3816-0699 cel.: (11) 95681-0256 – vendas@editorapeiropolis.com.br
www.editorapeiropolis.com.br

Sumário

A mais bela face da noite, 6
Prefácio de Mariana Ianelli

Canções, 11

Depoimento da tradutora, 42

Cartas entre Gabriela e Henriqueta, 51

Índice de poemas, 56

Biografias, 58

Mariana Ianelli

A mais bela face da noite

"Vou conhecendo o sentido maternal das cousas. A montanha que me olha é também mãe, e, pelas tardes, a neblina brinca como uma criança por seus ombros e seus joelhos."

"Imagem da terra", Gabriela Mistral;
tradução de Henriqueta Lisboa

Das coletâneas de poemas de Gabriela Mistral para crianças, esta compõe a mais bela face da noite numa dezena de canções. Esses poemas estão entre as vinte e quatro canções da primeira parte do volume que Henriqueta Lisboa organizou e traduziu para semear em nossa língua – Gabriela Mistral diria "salvar" – a poesia em verso e prosa da amiga chilena. Mais que amiga, Henriqueta a chamava de "Irmã Escolhida", o que diz muito sobre o lastro espiritual da relação entre essas mulheres, ambas poetas e mestras do século passado, de coração atento às crianças e ao mundo das metáforas frescas da infância.

Também quatro das canções deste livro ("Achado", "Embalando", "Canção amarga" e "Estábulo") fazem parte do volume *Lecturas escolares*, que a própria Gabriela Mistral organizou, entre 1915 e 1917, dentro da coleção *Libros de lectura*, dirigida por Guzmán Maturana. Assim, podemos ver como, desde muito cedo, Lucila Godoy Alcayaga, sob o pseudônimo de Gabriela Mistral (como uma vocacionada se rebatizando ao entrar no reino da poesia), já pensava em versos que pudessem ser lidos nas escolas como uma espécie de alimento espiritual.

Da mesma linhagem pedagógica de Cecília Meireles, também mestra e amiga, Gabriela Mistral apostava no caráter nutridor da literatura sem ceder a didatismos. Acreditava que pertencem às crianças os livros que elas têm prazer em ler, que não necessariamente são infantis. No conjunto que selecionou para *Lecturas escolares*, a jovem poeta, então professora do Liceu de Meninas de Los Andes, quis oferecer uma "poesia escolar nova", conforme comenta em carta de 1915 a Eugenio Labarca, uma poesia "mais impregnada das coisas do coração". Um sentido moral estaria implicado aí, não artificiosamente, se não de maneira autêntica e inevitável.

Propósito semelhante, vale lembrar, guiou Henriqueta na organização de sua *Antologia poética para a infância e a juventude*, na década de 1960. Enquanto Gabriela considerava que "todo verdadeiro mestre terá sempre algo de artista", Henriqueta via a arte como "um dos esteios fundamentais da educação". Estavam, pois, irmanadas nesse cuidado profundo com a formação das crianças, e cultivavam a poesia nas escolas pensando no florescimento da sensibilidade, da intuição, e mesmo do sentido de dignidade humana.

Nem Henriqueta nem Gabriela tiveram filhos; no entanto, exerceram a maternidade através de uma apaixonada prática do magistério e de um modo de compreender humilde e amorosamente as coisas deste mundo. "Mais mãe do que as mães" é a mestra, sabia-o Gabriela Mistral quando ainda jovem compôs "A oração da mestra", essa mãe capaz de amar como as mães os que não são carne de sua carne. É muito belo e um tanto curioso que, ao falar da ternura maternal de sua irmã chilena, Henriqueta a tenha uma vez comparado ao orvalho, por serem da mesma suavidade. Muito belo porque intrinsecamente poético, e um tanto curioso pelo orvalho que se espalha não apenas na poesia de Gabriela, mas também na de Henriqueta, por vezes neblina, por vezes geada, em paisagens noturnas entre montanhas, que são paisagens de atmosferas também irmãs. Podemos sentir que uma ternura maternal roreja na poesia de uma e de outra.

E porque essa ligação vai além do duplo ofício comum em que se enredam afinidades, porque as unia uma vocação clássica, e também algo da ordem do sagrado, o resultado desse trânsito entre línguas, graças à tradução de Henriqueta, guarda extraordinárias nuances de correspondência e equilíbrio. Se, por exemplo, Henriqueta aumenta um verso numa estrofe, compensa-o formalmente noutra estrofe ("Que não cresça"). Substancialmente, há o "sangue bíblico", como já bem mencionava Cecília Meireles sobre a poesia de Gabriela, que também corria nas veias de Henriqueta, e o fluir dessa substância poética familiar, de uma língua irmã a outra, podemos senti-lo como soa sem esforço, tão natural.

Que soe natural, e infunda graça, isso era o que Gabriela achava necessário na poesia que envolve a infância (sobre e para crianças). E ela conseguia essa autenticidade em seus poemas, por exemplo, depurando-os em redondilhas maiores e menores, como vemos em diversas canções. Vinha de um muito íntimo convívio com a língua, inclusive no manejo de arcaísmos, esse pendor clássico feito simplicidade ("o popular de tempos de ouro", como definiu Cecília), carne do mundo, aparceirado com a intuição.

O pecado original, dizia Gabriela, antiga menina do vale de Elqui, talvez não seja mais que "a nossa queda na expressão racional e antirrítmica". Reanimar a língua em sua graça musical e intuitiva seria religar-nos a um estado de infância e acriançar também nossos sentidos. Era assim que Gabriela escrevia de vez em quando: recolhendo ritmos de dentro de um tubo que levava com ela ou seguindo os ruídos da natureza, que lhe soavam confundidos numa canção de ninar.

Em toda a sua obra, são muitas as canções de ninar (mais de trinta). Também muitos os poemas que envolvem a noite, as estrelas, anjos da guarda, orações murmuradas, além dos noturnos de tom grave. Na noite que desce sobre este livro, não faltam angústias de vulnerabilidade e pobreza ("Canção amarga", "Meninozinho" e "Adormecida"), mas o que prevalece é um cingir de braços protetores, a cobertura do orvalho, a mãe num acalanto ou numa oração vigilante ("Cordeirinho"). É a terra natal de uma canção que embala, acarinhando, e o que há de mais vulnerável na criatura humana, tão pequenina no meio da noite, se aninha numa cama de sonhos copiosos ("Contanto que durmas").

Entre as noites dessa poesia, está também aquela, venturosa, do nascimento do menino Jesus ("O estábulo"). O acolhimento comovido e telúrico desse recém-nascido entre os bichos, em sua caminha de palha, ocupa o núcleo simbólico de amor que irradia para todos os acalantos maternais de Gabriela (nos quais também reverberam símbolos cristãos). O sagrado e dadivoso desse Menino que chega ao mundo é o sagrado e dadivoso de todo recém-nascido, e a poeta os acolhe, América afora e adentro, indiozinhos de Titicaca, mulatinhos de Camagüey, pequeninos de olhos negro-azulados de Anáhuac, menininhos da Guatemala e do Brasil, todos são seus filhos. É, pois, a imagem do filho que a poeta nos rememora, a visão do homem menino, ainda frágil e casto, adentrando o mundo, o homem menino aliançado à música, cuja pureza a mãe quer reter para sempre, pedindo "que não cresça", que não perca esse "algo que é maior que todo o adulto" ("Recado de las voces infantiles").

Gabriela semeava muitos símbolos sagrados de vida e de união, como o trigo e o milho, e seu nome de poeta foi igualmente considerado "um símbolo dos anseios ideais de todo o mundo hispano-americano" pelo júri que lhe atribuiu o Prêmio Nobel em 1945 (a poeta das meninas que sonhavam em ser rainhas, de repente, lá estava, diante do rei da Suécia...). Quem acalanta suas crianças pode ser a própria terra, sem fronteiras, terra madre, com seus largos braços montanhosos e orvalhados, isso nos transmitem as canções de Gabriela, neste livro, vestidas com as ilustrações delicadíssimas de sua conterrânea Paloma Valdivia.

Em maio de 1946, depois de seus anos em Petrópolis como consulesa do Chile no Brasil, depois do falecimento do seu sobrinho Juan Miguel (que ela amava como um filho adotivo), depois do Prêmio Nobel, Gabriela enviou, de Nova York, um postal para sua amiga Henriqueta, comentando a seleção de seus poemas traduzidos. É nesse postal célebre que Gabriela agradece a Henriqueta por "salvá-la dentro de sua língua". Também, nessas breves linhas, ela pede à amiga que inclua na lista o poema "Mi canción". É comovente relembrar versos desse poema traduzido por Henriqueta, agora que temos esta dezena de noites serenas de "Canções" em mãos:

Essa canção que eu cantava
como uma solta cachoeira
e obscuramente salvava,
cantem-me!

Mariana Ianelli

Mariana Ianelli (São Paulo, 1979) é autora de treze livros de poesia, entre eles *Vida dupla*, Biblioteca Madrinha Lua, pela Editora Peirópolis (2022). Publicou também crônicas e infantojuvenis.

CANÇÕES

HALLAZGO

Me encontré este niño
cuando al campo iba:
dormido lo he hallado
en unas espigas...

O tal vez ha sido
cruzando la viña:
buscando los pámpanos
topé su mejilla...

Y por eso temo,
al quedar dormida,
se evapore como
la helada en las viñas...

ACHADO

Encontrei este anjo
num passeio ao campo:
dormia tranquilo
sobre umas espigas.

Talvez tenha sido
cruzando o vinhedo:
ao bulir nas ramas
toquei suas faces.

Por isso receio
ao estar dormida
se evapore como
a geada nas vinhas.

MECIENDO

El mar sus millares de olas
mece, divino.
Oyendo a los mares amantes,
mezo a mi niño.

El viento errabundo en la noche
mece los trigos.
Oyendo a los vientos amantes,
mezo a mi niño.

Dios padre sus miles de mundos
mece sin ruido.
Sintiendo su mano en la sombra
mezo a mi niño.

EMBALANDO

Balança o mar suas ondas
de praia em praia.
Ouvindo os mares amantes
meu filho embalo.

Balança o vento na noite
longe, os trigais.
Ouvindo os ventos amantes
meu filho embalo.

Balança Deus em silêncio
os seus mundos, aos milhares.
Sentindo-lhe a mão na sombra
meu filho embalo.

LA NOCHE

Por que duermas, hijo mío,
el ocaso no arde más:
no hay más brillo que el rocío,
más blancura que mi faz.

Por que duermas, hijo mío,
el camino enmudeció:
nadie gime sino el río;
nada existe sino yo.

Se anegó de niebla el llano.
Se encogió el suspiro azul.
Se ha posado como mano
sobre el mundo la quietud.

Yo no sólo fui meciendo
a mi niño en mi cantar:
a la Tierra iba durmiendo
al vaivén del acunar...

A NOITE

Para que durmas, meu filho,
não há mais luz: é sol posto.
Não há mais brilho que o orvalho,
mais brancura que meu rosto.

Para que durmas, meu filho,
o caminho emudeceu.
Soluça apenas o rio,
nada existe senão eu.

Desfez-se a planície em névoa,
tolheu-se o suspiro azul.
Pousou como dedos leves
por sobre o mundo, a quietude.

Não embalei tão somente
ao meu filho com o meu canto:
ia a terra adormecendo
ao vaivém desse acalanto.

CORDERITO

Corderito mío,
suavidad callada:
mi pecho es tu gruta
de musgo afelpada.

Carnecita blanca,
tajada de luna:
lo he olvidado todo
por hacerme cuna.

Me olvidé del mundo
y de mí no siento
más que el pecho vivo
con que te sustento.

Yo sé de mí sólo
que en mí te recuestas.
Tu fiesta, hijo mío,
apagó las fiestas.

CORDEIRINHO

Cordeirinho meu,
calada doçura.
Meu peito é uma gruta
de musgo e de felpo.

Carnezinha branca,
fatia de lua.
Tudo olvido para
ser morada tua.

O mundo, que vale?
De mim não percebo
mais que o colo farto
com que te sustento.

De mim sei apenas
que em mim te reclinas.
Tua festa, filho,
toda festa exprime.

CANCIÓN AMARGA

¡Ay! ¡Juguemos, hijo mío,
a la reina con el rey!

Este verde campo es tuyo.
¿De quién más podría ser?
Las oleadas de alfafa
para ti se han de mecer.

Este valle es todo tuyo.
¿De quién más podría ser?
Para que los disfrutemos
los pomares se hacen miel.

(¡Ay! ¡No es cierto que tiritas
como el Niño de Belén
y que el seno de tu madre
se secó de padecer!)

El cordero está espesando
el vellón que he de tejer,
y son tuyas las majadas.
¿De quién más podrían ser?

Y la leche del establo
que en la ubre ha de correr,
y el manojo de las mieses,
¿de quién más podrían ser?

(¡Ay! ¡No es cierto que tiritas
como el Niño de Belén
y que el seno de tu madre
se secó de padecer!)

¡Sí! ¡Juguemos, hijo mío,
a la reina con el rey!

CANÇÃO AMARGA

Ai! Brinquemos, filho meu:
sou a rainha, és o rei.

É teu esse verde campo.
De quem mais podia ser?
Por ti as ondas da alfafa
ao vento hão de estremecer.

É todo teu esse vale.
De quem mais podia ser?
Para que nos deliciemos
o pomar será de mel.

(Não é certo que tiritas
como o infante de Belém,
que o seio de tua mãe
secou de tanto sofrer.)

O cordeiro torna espessa
a lã que eu hei de tecer.
São teus também os apriscos.
De quem mais podiam ser?

E todo o leite do estábulo
que das fontes vai correr,
e o regalo das colheitas,
de quem mais podiam ser?

(Não é certo que tiritas
como o infante de Belém
que o seio de tua mãe
secou de tanto sofrer.)

Sim! Brinquemos, filho meu:
sou a rainha, és o rei.

CON TAL QUE DUERMAS

La rosa colorada
cogida ayer;
el fuego y la canela
que llaman clavel;

el pan horneado
de anís con miel,
y el pez de la redoma
que la hace arder:

todito tuyo
hijito de mujer,
con tal que quieras
dormirte de una vez.

La rosa, digo:
digo el clavel.
La fruta, digo,
y digo que la miel;

y el pez de luces
y más y más también,
¡con tal que duermas
hasta el amanecer!

CONTANTO QUE DURMAS

A rosa vermelha
colhida à tarde;
o fogo e a canela
a que chamam cravo;

o pão de forno
de anis com mel;
o peixe dentro
do aquário a arder;

ai! terás tudo,
filhinho meu,
contanto que durmas
de uma vez.

A rosa, digo,
o cravo também;
a fruta, digo
e digo o mel;

o peixe de luzes,
tudo quanto sonhes,
contanto que durmas
até de manhã.

NIÑO CHIQUITO
A Fernanda de Castro

Absurdo de la noche,
burlador mío,
si-es no-es de este mundo,
niño dormido.

Aliento angosto y ancho
que oigo y no miro,
almeja de la noche
que llamo hijo.

Filo de lindo vuelo,
filo de silbo,
filo de larga estrella,
niño dormido.

A cada hora que duermes,
más ligerito.
Pasada medianoche,
ya apenas niño.

Espesa losa, vigas
pesadas, lino
áspero, canto duro,
sobre mi hijo.

Aire insensato, estrellas
hirvientes, río
terco, porfiado búho,
sobre mi hijo.

En la noche tan grande,
tan poco niño,
tan poca prueba y seña,
tan poco signo.

MENINOZINHO

Absurdo da noite
burlador meu,
és e não és deste mundo,
menino dormido.

Amplo alento fino
que ouço e não vejo,
molusco da noite
a que chamo filho.

Fio de lindo voo,
fio de assovio,
fio de longínqua estrela,
menino dormido.

A cada hora que dormes
mais levezinho.
Passada meia-noite,
desvanecido.

Espessa lousa, vigas
pesadas, linho
áspero, canto duro
sobre meu filho.

Ar insensato, estrelas
férvidas, rio
tenaz, porfiada coruja
sobre meu filho.

Na noite tão grande,
tão pouco menino,
tão pouca prova e senha,
tão pouco signo.

Vergüenza tánta noche
y tánto río,
y "tánta madre tuya",
niño dormido...

Achicarse la Tierra
con sus caminos,
aguzarse la esfera
tocando un niño

¡Mudársete la noche
en lo divino.
yo en urna de tu sueño,
hijo dormido!

Vergonha tanta noite
e tanto rio
e mãe tamanha,
menino dormido.

Diminuir-se a terra
com seus caminhos,
aguçar-se a esfera
palpando menino.

Mudar-se esta noite
no divino;
e eu, em urna de teu sono,
filho dormido!

DORMIDA

Meciendo, mi carne,
meciendo a mi hijo,
voy moliendo el mundo
con mis pulsos vivos.

El mundo, de brazos
de mujer molido,
se me va volviendo
vaho blanquecino.

El bulto del mundo,
por vigas y vidrios,
entra hasta mi cuarto,
cubre madre y niño.

Son todos los cerros
y todos los ríos,
todo lo creado,
todo lo nacido...

Yo mezo, yo mezo
y veo perdido
cuerpo que me dieron,
lleno de sentidos.

Ahora no veo
ni cuna ni niño,
y el mundo me tengo
por desvanecido...

¡Grito a Quien me ha dado
el mundo y el hijo,
y despierto entonces
de mi propio grito!

ADORMECIDA

Embalando minhas
entranhas, meu filho,
vou moendo o mundo
com meus pulsos vivos.

O mundo moído
por meus pobres braços
vai-se me tornando
branca névoa fina.

O vulto do mundo
por vigas e vidros
entra até meu quarto,
cobre mãe e filho.

São todos os cerros
e todos os rios,
tudo o que foi criado,
tudo o que há nascido.

Eu embalo, embalo,
e vejo perdido
corpo que me deram
cheio de sentidos.

Agora não vejo
nem berço nem filho
e o mundo já tenho
por desvanecido.

Grito a quem me deu
este mundo e o filho
e desperto então
do meu próprio grito.

QUE NO CREZCA

Que el niño mío
así se me queda.
No mamó mi leche
para que creciera.
Un niño no es el roble,
y no es la ceiba.
Los álamos, los pastos,
los otros, crezcan:
en malvavisco
mi niño se queda.

Ya no le falta nada:
risa, maña, cejas,
aire y donaire.
Sobra que crezca.

Si crece, lo ven todos
y le hacen señas.
O me lo envalentonan
mujeres necias
o tantos mocetones
que a casa llegan;
¡que mi niño no mire
monstruos de leguas!

Los cinco veranos
que tiene tenga.
Así como está
baila y galanea.
En talla de una vara
caben sus fiestas,
todas sus Pascuas
y Noches-Buenas.

QUE NÃO CRESÇA

Assim fique
meu filho.
Não o amamentei
para vê-lo crescer.
Um menino não é roble
nem paineira.
Os álamos, os pastos,
os outros, cresçam.
Qual malvaísco
meu filho fique.

Nada mais lhe falta:
riso, manha, teima,
graça, donaire.
O crescimento
virá de sobra.

Se crescer será visto,
acenos perceberá.
Dar-lhe-ão valentia
mulheres néscias
ou os mocetões
de visita.
Não contemple meu filho
monstros de léguas.

Os cinco verões
que tem, tenha.
Assim como está
baila e galanteia.
No tamanho de uma vara
suas festas cabem:
Ano-Bom e Páscoa.

Mujeres locas
no griten y sepan:
nacen y no crecen
el Sol y las piedras,
nunca maduran
y quedan eternas.
En la majada
cabritos y ovejas,
maduran y se mueren:
¡malhayan ellas!

¡Dios mío, páralo!
¡Que ya no crezca!
Páralo y sálvalo:
¡mi hijo no se me muera!

Mulheres loucas,
não gritem e saibam:
nascem e não crescem
o sol e as pedras,
nunca maduram,
e eternos quedam.
Nas manadas,
cabritos e ovelhas
maduram e morrem
– os malfadados!

Deus meu, não deixes
que meu filho cresça!
Para-o, salva-o,
para não morrer!

EL ESTABLO

Al llegar la medianoche
y al romper en llanto el Niño,
las cien bestias despertaron
y el establo se hizo vivo.

Y se fueron acercando,
y alargaron hasta el Niño
los cien cuellos anhelantes
como un bosque sacudido.

Bajó un buey su aliento al rostro
y se lo exhaló sin ruido,
y sus ojos fueron tiernos
como llenos de rocío.

Una oveja lo frotaba,
contra su vellón suavísimo,
y las manos le lamían,
en cuclillas, dos cabritos...

Las paredes del establo
se cubrieron sin sentirlo
de faisanes, y de ocas,
y de gallos, y de mirlos.

Los faisanes descendieron
y pasaban sobre el Niño
la gran cola de colores;
y las ocas de anchos picos,

arreglábanle las pajas;
y el enjambre de los mirlos
era un velo palpitante
sobre del recién nacido...

O ESTÁBULO

Ao chegar a meia-noite
rompendo em pranto o Menino,
cem animais despertaram
e o estábulo se fez vivo.

Acercaram-se estendendo
para o lado do Menino,
cem pescoços anelantes
como um bosque sacudido

Um boi exalou-lhe ao rosto
seu bafejo – mas sem ruído.
E tinha nos olhos ternos
a umidade do rocio.

Uma ovelha o acariciava
contra sua lã suavíssima.
E as mãozinhas lhe lambiam
de cócoras, dois cabritos.

Pelas paredes do estábulo
docemente espaireciam
bandos de melros e galos,
de faisões e de palmípedes.

Os faisões com reverência
passavam sobre o Menino
a grande cauda de cores;
as aves de largos bicos

vinham ajeitar-lhe as palhas;
e dos melros o remoinho
era um palpitante véu
por sobre o recém-nascido.

Y la Virgen, entre cuernos
y resuellos blanquecinos,
trastocada iba y venía
sin poder coger al Niño.

Y José llegaba riendo
a acudir a la sin tino.
Y era como bosque al viento
el establo conmovido...

E a Virgem entre chavelhos
e respiros brancacentos,
ia e vinha tonta, sem
poder tomar o Menino.

E José chegava rindo
para acudir a mofina.
E era como bosque ao vento
o estábulo comovido.

LA MARGARITA
A Marta Samatán

El cielo de diciembre es puro
y la fuente mana, divina,
y la hierba llamó temblando
a hacer la ronda en la colina.

Las madres miran desde el valle,
y sobre la alta hierba fina
ven una inmensa margarita,
que es nuestra ronda en la colina.

Ven una loca margarida
que se levanta y que se inclina,
que se desata y que se anuda,
y que es la ronda en la colina.

En este día abrió una rosa
y perfumó la clavelina,
nació en el valle un corderillo
e hicimos ronda en la colina...

A MARGARIDA

O céu de dezembro é puro,
há um manancial divino;
e a relva trêmula chama
a fazer roda na colina.

As mães contemplam do vale
e sobre a alta relva fina
veem uma imensa margarida
que é nossa roda na colina.

Veem uma louca margarida
que se levanta e se inclina,
que se desata e se enovela,
e é nossa roda na colina.

Hoje despontou uma rosa
e deu perfume a cravina;
nasceu no vale um cordeiro,
fizemos roda na colina.

CARRO DEL CIELO

Echa atrás la cara, hijo,
y recibe las estrellas.
A la primera mirada,
todas te punzan y hielan,
y después el cielo mece
como cuna que balancean,
y tú te das perdidamente
como cosa que llevan y llevan...

Dios baja para tomarnos
en su viva polvareda;
cae en el cielo estrellado
como una cascada suelta.
Baja, baja en el Carro del Cielo;
va a llegar y nunca llega...

Él viene incesantemente
y a media marcha se refrena,
por amor y miedo de amor
de que nos rompe o que nos ciega.
Mientras viene somos felices
y lloramos cuando se aleja.

Y un día el carro no para,
ya desciende, ya se acerca,
y sientes que toca tu pecho
la rueda viva, la rueda fresca.
Entonces, sube sin miedo
de un solo salto a la rueda,
¡cantando y llorando del gozo
con que te toma y que te lleva!

CARRO DO CÉU

Deita para trás a fronte,
filho, e recebe as estrelas.
Súbito, ao primeiro olhar,
elas te apunhalam e gelam.
E depois o céu tonteia
como berço que se embalança.
E tu te dás perdidamente
como cousa que levam e levam...

Deus baixa para tomar-nos
em sua vívida poeira.
No céu estrelado tomba
como uma solta cachoeira.
Baixa no Carro do Céu,
vai chegar e nunca chega.

Ele vem incessantemente
e a meio andar se refreia.
Por amor e medo de amor
de que nos fere ou que nos cega.
Enquanto vem somos felizes
e choramos quando regressa.

Um dia o carro não para,
já desce, já se aproxima,
e sentes que toca teu peito
a roda viva, a roda fresca.
Então, filho, sobes sem medo,
à roda, de um único salto,
cantando e chorando de gozo
com que te toma e te arrebata.

Henriqueta Lisboa

Depoimento da tradutora

Admirava, desde menina, a poesia de Gabriela Mistral.

Impressionavam-me, além dos belos e fortes poemas que haviam consagrado seu nome no cenário das letras hispano-americanas, as notícias em torno de sua nobre estatura moral e do drama que havia sofrido na adolescência.

Guardando-a na imaginação, assim aureolada de glória e sacrifício, longe estava de supor que havia de encontrá-la um dia, criatura real e humana.

Por volta de 1940 tive ocasião de conhecê-la em pessoa. Foi no Rio, numa sessão da Academia Carioca de Letras em que ela pronunciava uma conferência e recebia braçadas de flores. Quando me permitiu o cerco em que a envolvera a assistência, dela me aproximei. Ao declinar meu nome, verifiquei, com grata surpresa, que este já lhe era familiar. Convidou-me a ir vê-la no Alto da Tijuca onde alugara uma casa. Vivenda espaçosa e agradável, propícia ao aconchego do espírito, circundada de grandes árvores que todavia interceptavam a visão do céu. Lá conversamos vagarosamente, uma tarde, de cousas um tanto vagas. Essa, a feição de Gabriela, esse, o seu clima: certo torpor físico assim como o de quem sai do sono – ou do sonho – e sente que do outro lado estava melhor. Nenhum entusiasmo a empolgava, nenhuma perspectiva lhe transmudava a fisionomia. Eram quase imperceptíveis os seus gestos. Só lhe restavam nos enevoados olhos verdes, alguns lampejos de complacência.

Queria que eu lhe contasse cousas minhas; mas os bichos do mato são ariscos. Nem sequer logrei dizer-lhe desde quando e quanto a admirava. O certo é que nos compreendemos por intuição.

De regresso a Belo Horizonte recebi sua primeira carta, datada (por exceção, datada!) de 22 de setembro de 1940. Dizia-me:

"Su poesía me ha creado el interés de su alma y para mi una visita no es nunca cosa de cortesia sino de lenta y dulce aproximación a los que me interesan de modo profundo."

Era o início de uma grande amizade. Nossa correspondência não foi assídua nem volumosa. Porém as vinte cartas que dela conservo são suficientes para testemunhar a ternura de seu coração. Tornei a vê-la no Rio tempos depois. Desceu de Petrópolis onde então morava, especialmente para estar comigo. Dessa vez fiquei à vontade. Conversamos longamente, e de assuntos mais precisos. Ela, com preocupações de ordem vária, eu, com meus pequenos problemas de insulamento provinciano. Era vivo o seu interesse por Minas, pelo interior do Brasil.

Convidei-a para visitar Belo Horizonte. A essa altura, já havia obtido do então prefeito, Juscelino Kubitschek, e secretário de Educação, Cristiano Machado, o beneplácito para tal convite. Quando nos despedimos, a escritora me surpreendeu dizendo que aqui pronunciaria (e assim o fez em setembro de 1943) duas conferências: uma sobre o Chile, o que era natural, outra sobre O *menino poeta*, livro meu ainda no prelo. Como poderia eu atinar com o motivo dessa distinção? Percebi-o mais tarde, através de uma carta sua: *"el Continente Sur carece, así, nada menos, carece de literatura infantil. Nosotras dos no tenemos en el genero, ni abuelos, siquiera, ni padres".*

Estimulava e defendia, dessa forma, um ideal que prezava entre todos, derivado de sua dupla vocação: o magistério e a poesia.

Na capital mineira passou Gabriela onze dias que foram, para o nosso mundo intelectual, artístico e pedagógico, uma constante festa espiritual. Rodeada de poetas e professores solícitos em prestar-lhe homenagem, afetuosamente assistida pelos cônsules do Uruguai e da Argentina com suas senhoras, conheceu ela a vida simples dos mineiros, participou do nosso remanso familiar, acomodou-se à mesa de nossas casas, visitou as obras de arte da Pampulha novinhas em folha, emocionou-se com toda aquela estranha beleza, foi uma noite ao cassino e recusou-se a entrar na sala de jogos – sempre cordial, sempre um bocado lenta.

Exibia-se nessa ocasião, exatamente no cassino, um jerico adivinho (aventureiro sem culpa) que respondia à curiosidade de consulentes, com determinado número de patadas no assoalho. De bom humor, revelou Gabriela a seus acompanhantes a pergunta que intimamente fizera: "Daqui a quantos anos cairá Hitler?".

(A história capitulou mais depressa do que supunha o orelhudo...)

Advertida angustiosamente pela secretária, certa noite, de que se esgotava a hora de comparecer à Rádio Inconfidência com a qual se comprometera, deu de ombros: "Tu te afliges, Connie, pelas mínimas cousas. Por que não te afliges – por exemplo – com a ideia de inferno, muito mais grave?". Era assim: diferente de todas as pessoas, nave sem amarras, pássaro tonto, levitante objeto perdido no tempo, alheia a instrumentos fatais como a ampulheta, movendo-se por si mesma sem apoio no eixo da terra... Apoiava-se, e muito, nas criaturas, necessitada de especial dedicação.

Fazia do dinheiro um tabu. Não o tocava de forma alguma.

Entretanto alguém tinha de tocá-lo por ela. Seria tal atitude equitativa e justa? O caso é que ninguém lhe exigia virtudes encontradiças em áreas medianas. E uma excentricidade assim – talvez sinal de rebeldia contra a má distribuição de fortuna – tinha o seu prisma de nobreza. Provinha desse ar distante e contudo modesto, uma irradiante simpatia que a todo o círculo mineiro encantara.

Desde o momento de sua chegada, à estação da Central (não viajava de avião a pedido de sua irmã Emelina), Gabriela desceu do carro com vagar, abraçou-me e, antes que eu tivesse tempo de iniciar as apresentações de praxe, apontou para Heli Menegale: *"Quién es ese italiano?"*.

Sua naturalidade era extrema. Junto de crianças, mergulhava em seu próprio reino. Iluminava-se de largo sorriso o seu rosto já fatigado, tez de campesina após muitas colheitas e intempéries. Expandia-se em saborosas metáforas: *"¡Niños de ojos que se comen la cara!"*.

Recordava acontecimentos do tempo em que era professora primária, referia-se à fama que tinha de mimar os pequeninos, de animá-los à travessura, de deixá-los às guloseimas até adoecerem.

"Pero todo por amor."

Sim, por amor: sua pedagogia e seu estilo de vida. A infância seria perfeita se não fosse tão breve, comentava, sem se lembrar que a dos poetas perpetua-se na candura de certos poemas, como os que ela consagrara à idade da candura.

Convidada pelo escritor Aires da Mata Machado Filho para ir ao alto do Cruzeiro, de onde se descortina maravilhosa visão da cidade em toda plenitude, severamente relutou contra o desperdício de gasolina àquele tempo racionada.

E foi preciso um coro de vozes teimosas para persuadi-la de que era demasiado o seu escrúpulo.

Conversamos também de literatura naqueles breves dias. Ela me recomendava Claudel, eu lhe falava de Valéry. Suas impressões sobre este: *"Me gusta mucho el ensaista, pero menos el poeta"*.

Verificamos que amávamos, ambas, a parolagem dos filósofos, ela com dileção especial por Plotino. Mas o interesse maior que então demonstrava era pela vida dos animais, principalmente das aves. Talvez quisesse aprender com os pássaros o segredo do voo natural, como havia aprendido o uso das cores contrastantes, verde e negro, azul e escarlate.

Seus poemas haviam sido escassos nos últimos anos. Contou-nos, ela mesma, que a diligente secretária se impressionara com essa reserva. Quando a via sentada numa poltrona, olhos semicerrados, naquele repouso tão grato aos contemplativos, punha-lhe na mão papel e lápis, numa exigente admoestação: *"Vamos, Gabriela, escreva algum poema! Será que a fonte já secou?"*

Quem saberia dizer como e porque se afugentam os anjos da inspiração ou outros anjos de que não sabemos sequer o nome? Pensava comigo. E agora pergunto: Por onde vagarão esses anjos depois de nossa morte? Serão com exclusividade nossos, fenecerão conosco, voltarão a buscar novos pousos, abrirão as asas – às vezes violentamente tatalantes – sobre a fronte de outras criaturas indefesas?...

A poetisa despediu-se de Belo Horizonte prometendo voltar, fazendo votos para ser removida para cá no seu ofício de cônsul, escrevendo, logo depois da partida, que havia sido plenamente feliz no decurso daqueles dias. Daí por diante, trocamos livros e listas bibliográficas durante algum tempo.

A literatura, contudo, não era a sua primordial preocupação. E sim, a necessidade de paz e compreensão entre os homens, o anelo de servir, para justificar sua existência – o que tão bem soube fazer através das palavras. Ai dos poetas, legionários da beleza e da arte, se não encontrassem no próprio sangue o meio de auxiliar os homens de ação, na sua faina de salvar da terra o que ainda resta por salvar.

Ela sofria sinceramente por causa da guerra, de toda guerra, passada, presente ou futura. Mas tinha aspectos mais sombrios aquela de que falava em carta:

"Lo que ocurre en el mundo es cosa tal que no es posible vivir en soledad sin caer en una mala muerte o en la huída budista de esta realidad, no solo espantosa sino vergonzosa, a que estamos asistiendo...

> *Y en frente de semejante raza, hay unas democracias ganadas por el materialismo que trajo la ciencia, por la nonchalance que trajo a Inglaterra y a Francia la riqueza exprimida en las colonias y ganada por no sé qué espesura de la mente que debe darles el bienestar gozado 20 años. Pero Dios comienza a mostrar su mano, amiga mía, en ese pueblo gracias a Dios primitivo y lleno de decoro, del que nada sabíamos. Los griegos parecen un puro milagro y una no puede leer lo que hacen, sin llorar."*

Entre os nossos contemporâneos mais próximos, sua grandeza de alma só tem paralelo, a meu ver, com a de Mário de Andrade. Estimavam-se mutuamente, é óbvio. A página que sobre ela escreveu o poeta brasileiro e que hoje figura no livro *O empalhador de passarinho* é excepcional pelo toque lírico assim como pela exata interpretação de uma personalidade nada fácil de se apreender:

> *"Desprovida já dos encantos mais visíveis de moça, que profundeza, que complexidade havia no seu encanto de então (1937). Inteligência magnificamente cultivada, espírito clássico a quem foi possível construir versos assim, em que a sensibilidade veste a ideia de reflexos metálicos, ao mesmo tempo rijos e fluidos, jamais a mulher se ausentava de Gabriela Mistral, em qualquer dado agressivo de cultura aprendida. Ela me dava a impressão de uma força das antigas civilizações asiáticas ou americanas, que já tivesse abandonado os nossos terrenos áridos da cultura, pelos da sabedoria. Mas investida sempre de uma graça delicada, que sabia disfarçar o seu prazer nos ares cômodos da irmã. [...] Ampla e alimentar como o milho que ela cantou nos versos talvez mais clássicos da nossa atualidade americana".*

Também ela soubera compreender, não somente o valor literário desse mestre de duas gerações, mas ainda o incomparável lastro de humanidade que lhe era peculiar, a influência que exerce, por isso mesmo, em nossos corações. Quando ele inesperadamente morreu, em fevereiro de 45, ela me endereçou essas palavras:

> *"Cada vez que leo uno de los incontables artículos sobre nuestro Mário de Andrade, cada vez la recuerdo y le mando un pensamiento de simpatia y ayuda en pena tan grande. Yo sé que usted, escogedora cuidadosa de sus amigos, tenía en él el más preciado para acompanarse, en la tremenda soledad del mundo.*
>
> *[...] Él está ahora en otra parte y ha sabido y aceptado y sus medios y sus bienes son ahora mucho más anchos que los que tuvo."*

Gabriela Mistral, nessa época, residia entre doces hortênsias, em Petrópolis. O duplo suicídio de Stefan Zweig e da sua esposa, com os quais mantinha laços de amizade, estremeceu e assombrou todo o ambiente. Tragédia mais desesperadora ia, em pouco, bater-lhe à porta. Ocorreu numa noite de Natal – se não me engano em [19]44 – o dramático desaparecimento de seu sobrinho Juan Miguel, criado em seu lar desde tenros anos e apenas entrado na adolescência. Teria sido acidental essa morte? O acontecimento ficou envolto em mistério, embora os jornais se referissem a suicídio. Era um menino vivo e amável. Em carta que me escreveu, algum tempo depois, dizia Gabriela: *"Mi salud no es buena y sigo enflaqueciendo. No cada día, sino cada hora, pienso en Jin (Juan Miguel). Ahora sé, a Dios gracias, la causa precisa de su muerte. Pero cuando hablaremos de eso, mi Henriqueta?"*

De outra vez: *"Tengo para usted, en mi apartamiento de Rio, la copia de una carta extensa sobre la tragedia de esta casa, sobre mi Jin."*

Em vão aguardei essas graves confidências. Lutando, também eu, com saúde precária, não tive ânimo para ir vê-la em transe tão doloroso.

Noutra missiva, conhecedora das dificuldades para se editarem as primeiras traduções que eu havia feito de seus poemas, comentava:

"Me doliera solo que se perdiese su trabajo precioso, el de usted. En 6 años de Brasil – de dictadura – no vi nunca un libro mío en el comercio. Yo fui, para ciertos círculos, los oficiales, una comunista tremenda. Para otros fui una espía inglesa. Sufrí la intervención de mi correspondência y varias serias cosas más. [...] Cuando se ha perdido lo más amado importan poco las cosas literario-comerciales, amiga mía querida. Yo nunca fui persona grata en Brasil. Minas fué para mí otro mundo y lo recuerdo bien."

Não sei até que ponto o seu íntimo pessimismo lhe carregava de nuvens o ambiente. Porém, quando lhe coube o prêmio Nobel, nossa admirada e querida amiga comum, Cecília Meireles, expandiu-se comigo em carta de 6 de fevereiro de [19]46, nesses termos:

"Ando desgostosa com certa malevolência com que a imprensa tem procurado nublar a alegria de Gabriela com o prêmio Nobel. Espanta-me que os homens insistam em cultivar seus poderes de ódio, quando os do amor são tão mais fecundos e deliciosos! Oxalá Gabriela não se demore aqui, – para não sofrer cousas mesquinhas. Por muito que eu a estime e deseje perto, oxalá parta logo para a América, onde talvez a compreendam melhor, onde aceitem com o seu prêmio, sem restrições – porque já muitos americanos o receberam, também."

O êxito universal, de fato, arrebatou-a do nosso meio. Da Suécia passou para os Estados Unidos, onde alguns anos mais tarde falecia.

De um artigo que sobre ela escrevi há tempos, desejo aqui transcrever as frases finais – que pelo menos no meu espírito ainda vivem:

"Notou Mariano Latorre, num achado feliz, dois símbolos, representativos entre os mais, na poesia de Gabriela: a pedra e a fruta. Com efeito: poesia de peso e densidade,

tem as mesmas características de resistência e duração da pedra. O que a abranda e amolda a um sabor mais atraente, é o abandono com que se acolhe à sombra da árvore da vida, colhendo da árvore da vida, não a fruta mais doce mas a que lhe tocou – amarga.

De uma vaga intuição dos reinos da natureza – mineral e vegetal – provém, talvez, a profundidade de alicerce dessa poesia, a cálida essência que dela se escoa, assim feita de mistério abaixo do solo e abundância de vida natural.

A artista não pede ajuda às nuvens nem ao vento; marca sua arte dos próprios passos, modela-a como elemento plástico, aproxima-a da escultura e da pintura, imprime-lhe o ritmo de danças religiosas e primitivas, de melodia escassa.

Através de imagens concretas, por vezes impiedosamente cruas, com a mesma elevação de vistas com que o escultor transforma a argila na estátua de um santo, ela atinge as delicadezas do espírito.

Entre o poeta e seu Deus, nesse jogo de imagens, há uma intimidade de família, uma tertúlia de horta e pomar.

A poesia de Gabriela sustenta, pois, as duas qualidades exigidas por Schiller para a obra de arte: energia e ternura.

Em virtude de seu próprio caráter, tecido de estranha mistura de impenetrabilidade (a pedra) e generosidade (a fruta), ela se adapta a qualquer ambiente, guardando-se tal como sempre foi. Está à vontade em qualquer país, ouve e fala outras línguas, compreensiva sempre, sem cuidar se a compreendem.

Da mesma natureza chilena, indômita no abrupto da cordilheira e amorosa na fecundidade dos vales, lhe veio esse temperamento, com uma sedimentação de fatalidade histórica.

Sua poesia representa o Chile na América, ou melhor, representa a América no mundo, a América Latina, resistente e acolhedora como a pedra e a fruta."

OBSERVAÇÕES

Para rematar esse trabalho de tradução, baseei-me principalmente no livro *Poesías Completas de Gabriela Mistral*, Editora Aguilar, Madrid, 1958, volume que contém as seguintes obras da poetisa chilena: *Desolación, Ternura, Tala, Lagar* e *Otras poesías*. Essa última coletânea seria inédita; as outras foram distribuídas em agrupamentos renovados.

Como já havia traduzido, há tempos, vários poemas da autora, cotejei os textos recentes com os anteriores de:

Desolación, Biblioteca "Las grandes obras", Buenos Aires, s/d;
Antología, Editora Zig-Zag, Santiago de Chile, 1941;
Ternura, Espasa-Calpe Argentina, Buenos Aires, 1945;
Tala, Editorial Losada, Buenos Aires, 1946.

São facilmente reconhecíveis alguns erros de impressão repetidos de uma para outra edição. Até que alguns foram emendados a tempo, enquanto outros surgiram imprevistamente. Por exemplo, no "Noturno da Consumação", 4ª estrofe, 4° verso, '*pez sombrío que afrenta la sed*', a última palavra deveria ser, evidentemente, "*red*", hipótese confirmada pelo texto mais antigo.

Além de procurar esclarecer certas dúvidas (algumas foram esclarecidas pela própria Gabriela, outras persistirão), tentei ajustar à nossa língua, intuitivamente, expressões estranhas à sua natureza. Procurei conservar o ritmo peculiar a cada composição, transpondo apenas alguns versos de 9 para 8 sílabas, por ser o nosso octossílabo mais discretamente melódico, isto sem perda de força, elemento característico da autora.

Tendo selecionado suas mais expressivas páginas, dividi o volume em 4 partes, a fim de obter sentido harmonioso para o conjunto: "Canções", "Poemas de amor", "Poemas diversos" e " Poemas em prosa".

Acham-se, pois, reunidos ou separados acidentalmente, poemas e livros de épocas diversas, segundo a tonalidade lírica, dramática, ou místico-filosófica dessa poesia multiforme.

Cartas entre Gabriela e Henriqueta

Selecionadas por Mariana Ianelli

Carta de 22/9/1940
De Gabriela Mistral para Henriqueta Lisboa

Cara compañera H. Lisboa

Hace mucho que quiero escribirle para agradecer su honrosa visita, los libros de Sr. Magalhães y los suyos. Me dejó usd. "con la miel en los labios". Yo creía que me daría usd. una tarde y la noche para conversar. Su poesía me ha creado el interés de su alma y para mí una visita no es nunca cosa de cortesía sino de lenta y dulce aproximación a los que me interesan de más [...] profundo. No veo la posibilidad de ir pronto a Minas. Estoy fatigada de viajes y mi fuerza es poca. Le ruego avisarme si vuelve a Rio. Yo saldré hacia Friburgo o Petrópolis desde Nov. y hasta Febrero.

Es usd. un grande y hondo poeta, H. L., y yo agradezco al Señor el haberla leído y visto. Esta hora horrible del mundo me deprime mucho, me tiene viviendo la tragedia día a día. Necesito, pues, que las almas fuertes y mejores que yo me ayuden a vivir con sus cartas.

Espero poder traducir más versos suyos, cuando esté en el campo. Aquí yo no tengo tiempo para nada.

Pídame con toda confianza los libros que pueda necesitar de aquí.

Mi dirección postal más segura es la del membrete.

Mi secretaria le manda finos recuerdos. Y yo la expresión de mi admiración muy viva de mi cariño fraterno.

Gabriela Mistral

Carta de 18/1/1941
De Henriqueta Lisboa para Gabriela Mistral

Gabriela Mistral,

Desde que recebi sua carta de 31 estou me sentindo menos só, ou mais acompanhada, nesta comunhão de espírito que é toda a consolação dos que pelo espírito vivem. Considero a sua estima como um dos mais altos prêmios a que eu poderia aspirar.

Se eu tivesse conhecido, há mais tempo, seu desejo de possuir dados biográficos meus, não a teria feito esperar.

Como quer algo de minha formação, passo a desfiar na sua companhia minhas lembranças mais caras. Destas confidências, possa o seu coração guardar alguma cousa do meu.

Aguardo, a qualquer momento, a chegada de meu livro "Prisioneira da Noite", que, aliás, já devia estar pronto.

Remeter-lhe-ei imediatamente um exemplar.

Peço a Deus para que a sua saúde se restabeleça por completo, amiga queridíssima, e para que possamos encontrar-nos de novo, o mais breve possível.

O que nos conforta e ajuda de fato a esperar melhores tempos, é essa bravura com que se unem os homens em defesa de seus direitos e suas ideias, é essa oposição de valores num mundo que parecia estagnado pelo comodismo. Está, sem dúvida, nesse ressurgir do decoro humano, a compensação que buscamos, que exige o nosso espírito.

À espera de notícias suas, envio-lhe a expressão de minha mais afetuosa admiração, pedindo-lhe que me lembre com carinho a Connie e a seu sobrinho.

Sua sincera e reconhecida

Henriqueta

Postal de 3/5/1946
De Gabriela Mistral para Henriqueta Lisboa

Carísima Henriqueta

Ha ido mi respuesta rotundamente afirmativa. Su traducción me honra y me salva dentro de su lengua. Pero hay que leer "Tala". Y la edición última de "Ternura" (para Calpe Argentina). Su lista me parece excelente (Ponga al final de su Antología el poema Mi Canción pela que altera) y después de la desgracia de J. Miguel – Un abrazo para su gente. Gabriela.

Carta de 17/8/1946
De Henriqueta Lisboa para Gabriela Mistral

Minha cara Gabriela,

Recebi, sim, sua resposta às minhas cartas. E recebi, agora, um terceiro cartão. Causa-me grande alegria tudo o que me vem de você. Mas desta vez fiquei ainda mais contente, podendo apreciar o carinho com que foi acolhida a minha iniciativa. O desejo de dar-lhe informações sobre o lançamento das poesias traduzidas me fez adiar esta carta que, afinal, nada sabe adiantar a respeito. Incumbi meu irmão J. Carlos de procurar pessoalmente José Olímpio e ainda não obtive solução para o caso. A editora Agir está interessada em publicar trabalhos meus. Há outras oportunidades a que não darei maior atenção enquanto estiver em jogo a primeira editora de que lhe falei e v. aprovou. Nada resolverei sem primeiramente consultá-la. E muito lhe agradeço a confiança. Cecília prometeu emprestar-me "Tala", que me será trazido por um portador seguro. Ao jornal "A Manhã", que deseja publicar alguma cousa do livro, vou ceder uma canção de ninar, com bastante ciúme.

Estou escrevendo novo livro de poemas: "Flor da Morte". Não sei se v. chegou a ler "A Face Lívida". Mas gostaria muito de conhecer suas impressões.

Vem a Belo Horizonte à minha procura o professor Alberto Lopes, da Universidade de New Mexico, interessado num estudo sobre poetisas brasileiras. Falamos com afeto a seu respeito. Lembra-se dele?

Minha família vai bem e envia-lhe saudades. Abraço-a de todo o coração.

Henriqueta

Índice de poemas

Hallazgo, 12
Meciendo, 14
La noche, 16
Corderito, 18
Canción amarga, 20
Con tal que duermas, 22
Niño chiquito, 24
Dormida, 28
Que no crezca, 30
El establo, 34
La margarita, 38
Carro del cielo, 40

Achado, 13
Embalando, 15
A noite, 17
Cordeirinho, 19
Canção amarga, 21
Contanto que durmas, 23
Meninozinho, 25
Adormecida, 29
Que não cresça, 31
Estábulo, 35
A margarida, 39
Carro do céu, 41

Gabriela Mistral (1889-1957)

Nasceu em 1889, no Chile, com o nome de Lucila de María del Perpetuo Socorro Godoy Alcayaga, e morreu em 1957, nos Estados Unidos. Em 1914, após ganhar um concurso de literatura, "Jogos Florais", em Santiago, passou a utilizar o pseudônimo literário de "Gabriela Mistral", formado com os nomes de seus dois poetas favoritos: Gabriele d'Annunzio e Frédéric Mistral. Filha e irmã de professores primários, Gabriela fez carreira no magistério em seu país, como professora rural e diretora de escolas do ensino secundário em várias regiões. Como pensadora e militante, tinha especial interesse pela educação pública e pelas questões sociais e indígenas às quais se dedicou ocupando cargos de governo nessa área. Em virtude disso, em 1922, foi contratada pelo governo do México para assentar as bases do sistema educacional desse país. A partir dos anos 1930, passou a representar o Chile em várias cidades da Europa e da América do Sul, desenvolvendo carreira consular. Como escritora, começou pela prosa, com colaborações em jornais locais, mas se encontrou na poesia, escrevendo uma obra de grande valor literário, traduzida para diversas línguas, e influenciou escritores do porte de Pablo Neruda e Octavio Paz. Foi o primeiro escritor latino--americano a ganhar o prêmio Nobel de literatura, em 1945, quando estava morando no Brasil como representante do governo chileno no Rio de Janeiro. Sua premiação foi motivo de regozijo pelas amigas Henriqueta Lisboa e Cecília Meireles. Juntamente com elas, Gabriela tinha em Mário de Andrade um amigo comum, que nela admirava sobretudo o espírito clássico e a inteligência cultivada. Sua trajetória intelectual e obra lhe valeram outros prêmios, como o Serra de las Américas (1950) e o Nacional de Literatura do Chile (1951), além de títulos de "Doctor Honoris Causa" concedidos por várias universidades.

Sobre a obra

A obra de Gabriela Mistral desdobra-se para além da poesia em outros campos da prosa: conto, autobiografia, diário, correspondência, escritos políticos e sobre o magistério, colaborações em jornais. A prosa de Gabriela tornou-se conhecida em publicações sobretudo póstumas, resgatadas em arquivos vários, e sua poesia encontra-se consolidada nos seguintes livros: *Desolación* (1922), *Ternura: canciones de niños* (1924), *Nubes blancas (poesías) y La oración de la maestra* (1930), *Tala* (1938), *Antología,* com seleção da autora (1941), *Los sonetos de la muerte y otros poemas elegíacos* (1952) e *Lagar* (1954). As antologias de sua poesia refletem a diversidade e a profundidade dos recortes e tematizações do mundo e da vida e as traduções de sua obra poética para diversas línguas dão-lhe maior visibilidade. Em língua francesa, a tradução de sua poesia foi saudada e seu valor reconhecido em prefácio de Paul Valéry, que nela anotou a presença viva da "substância das coisas". Em língua portuguesa, há traduções esparsas da poesia da poeta chilena, como de Manuel Bandeira, mas é Henriqueta Lisboa quem traduziu as páginas mais expressivas de Gabriela Mistral.

Henriqueta Lisboa (1901-1984)

Henriqueta Lisboa nasceu em Lambari, sul de Minas Gerais, em 1901, filha de Maria Rita Vilhena Lisboa e do conselheiro João de Almeida Lisboa. Diplomou-se normalista pelo Colégio Sion, da cidade de Campanha, ainda em Minas. Mudou-se com a família para o Rio de Janeiro em 1926, onde o pai foi eleito deputado federal. Em 1935 mudou-se para Belo Horizonte, onde exerceu várias atividades profissionais, como inspetora federal de ensino secundário, professora de literatura hispano-americana e de literatura brasileira da Pontifícia Universidade Católica e professora de história da literatura da Escola de Biblioteconomia da Universidade Federal de Minas Gerais. Foi membro do Instituto Histórico e Geográfico de Minas Gerais. Notabilizou-se como poeta, tradutora e ensaísta. Em 1963 foi a primeira mulher a ser eleita para a Academia Mineira de Letras. Recebeu vários títulos honoríficos e prêmios, entre os quais o prêmio Machado de Assis, da Academia Brasileira de Letras, em 1984, pelo conjunto da obra. Henriqueta faleceu em Belo Horizonte no dia 9 de outubro de 1985.

Sobre a obra

Henriqueta Lisboa começou a dedicar-se à literatura desde jovem. Considerada um dos grandes nomes da lírica modernista pela crítica especializada, manteve-se sempre atuante no diálogo com os escritores e intelectuais de sua geração e angariou muitos leitores ilustres durante sua vida, entre os quais Mário de Andrade, Carlos Drummond de Andrade, Manuel Bandeira, Cecília Meireles e Gabriela Mistral. Produziu vasta obra poética durante quase seis décadas, consolidada em livros como *Enternecimento* (1929), *O menino poeta* (1943), *A face lívida* (1945), *Flor da morte* (1949), e *Pousada do ser* (1982), dentre muitos outros. Realizou traduções de grandes poetas, como Dante Alighieri, Ungaretti e Gabriela Mistral, e produziu diversos ensaios, todos reunidos nos três volumes de *Henriqueta Lisboa: Obra completa* (Peirópolis, 2020). A rica correspondência que manteve com autores de sua geração, como Mário de Andrade, Carlos Drummond de Andrade e Cecília Meireles e todos os seus manuscritos e documentos estão reunidos no Acervo de Escritores Mineiros da Universidade Federal de Minas Gerais. Diversos estudos sobre a obra de Henriqueta Lisboa têm sido divulgados em livros, teses, revistas e suplementos literários de jornais. Sobre sua poesia, Drummond nos deixou o seguinte testemunho: "Não haverá, em nosso acervo poético, instantes mais altos do que os atingidos por este tímido e esquivo poeta".

Paloma Valdivia (1978)

Paloma Valdivia nasceu em Santiago, Chile, e mora em Barcelona, na Espanha. É autora, ilustradora e editora de livros, formada em design pela Pontifícia Universidade Católica do Chile e pós-graduada em Ilustração pela Escola EINA de Barcelona. Desde 2017, dirige a *Liebre*, ao lado da sócia, Mónica Bombal. Recebeu muitos prêmios, entre os quais se destacam a menção honrosa na Feira do Livro de Bolonha, em 2014, por *Chapeuzinho Vermelho*, e os prêmios White Ravens 2018 e Fundação Cuatrogatos 2018 por seu livro *Nós*. Na exposição da 29ª Bienal de Ilustração de Bratislava, recebeu o prêmio Grand Prix BIB 2023. Foi convidada de honra na Feira do Livro de Bolonha 2024 e no mesmo ano foi nomeada para o Prêmio Hans Christian Andersen. É capista do livro *Poemas escolhidos: Gabriela Mistral*, com tradução de Henriqueta Lisboa, publicado pela Editora Peirópolis em 2022.

Este livro foi impresso em papel off-set 120 g/m2,
no outono de 2025, nas oficinas da Pifferprint, em São Paulo, Brasil.